Langenscheidt

Deutsch für den Berufseinstieg

Der Sprachkurs zur Erstorientierung am Arbeitsplatz

von Friederike Ott

Langenscheidt
München · Wien

Herausgegeben von der Langenscheidt-Redaktion

Autorin: Friederike Ott
Design & Layout: Arndt Knieper, Gröbenzell
Bildredaktion: Guter Punkt GmbH & Co. KG, München
Umschlaggestaltung: KW43 BRANDDESIGN, Düsseldorf

Auf **www.langenscheidt.de/berufseinstieg-deutsch** steht Ihnen **das kostenlose Zusatzangebot** für „Deutsch für den Berufseinstieg" zur Verfügung. Sie finden hier die **Lehrerhandreichung** sowie das **Übungsheft als kostenlosen Download.**

Ergänzende Hinweise, für die wir jederzeit dankbar sind, bitten wir zu richten an:
Langenscheidt Verlag, Postfach 40 11 20, 80711 München
kundenservice@langenscheidt.de

www.langenscheidt.de

Satz: Guter Punkt GmbH & Co. KG, München
Druck und Bindung: Druckerei C.H. Beck, Nördlingen

ISBN 978-3-468-48972-3

17010

Inhalt

Herzlich willkommen!

Sie unterrichten Deutsch als Fremd- bzw. Zweitsprache und möchten Lerner mit geringen Deutschkenntnissen schon frühzeitig auf Situationen im Berufsalltag vorbereiten? Sie suchen Zusatzmaterial zum Thema Berufsvorbereitung für einen Integrationskurs? Oder Sie unterstützen Geflüchtete als ehrenamtlicher Sprachbegeleiter? Dann können Sie dieses Unterrichtsmaterial vielfältig einsetzen.

Das Lehrwerk basiert u.a. auf den Erfahrungen, die ich durch die Konzeption des Sprachkurses „Integration durch MINT" gesammelt habe: Ein Deutschsprachkurs für Geflüchtete, der im Auftrag der TU München und dem Schülerforschungszentrum Berchtesgadener Land sowie in Zusammenarbeit mit der Siemens-Stiftung entstanden ist. Ausgangspunkt waren die Fragen: Wie können neben grundlegenden Deutschsprachkenntnissen zugleich berufsvorbereitende und naturwissenschaftliche Themen auf einem sehr elementaren Sprachniveau vermittelt werden? Wie kann man die Geflüchteten schon frühzeitig beim Einstieg in Ausbildung und Beruf sprachlich unterstützen?

Ziele des Lehrwerks

→ Auf die Berufswelt vorbereiten

In diesem Kurs, der sich thematisch am BAMF-Rahmencurriculum für Integrationskurse orientiert, finden Sie ausgewählte Handlungs- und Themenfelder aus der Berufswelt. Tauschen Sie sich mit den Teilnehmern darüber aus und erleichtern Sie ihnen so den Einstieg in die Arbeitswelt in Deutschland: Wie funktioniert das duale Ausbildungssystem in Deutschland? Wie erschließt man eine Stellenanzeige? Wie strukturiert man einen Lebenslauf? Wie bewältigt man auch sprachlich eine Arbeitsbesprechung? Wie sollte man auf eine Beschwerde reagieren?

→ Am Arbeitsplatz ins Gespräch kommen

Die Sprachhandlungen, die auch in allgemeinsprachlichen Deutschkursen auf dem Niveau A1/A2 vermittelt werden, werden hier in einem beruflichen Kontext geübt. So kann die Sprachhandlung „um etwas bitten" z.B. je nach Kontext anders umgesetzt werden. Die Fotos helfen den Teilnehmern dabei, den beruflichen Kontext zu verstehen. Und Sie können anhand der Bilder leicht den berufsbezogenen Wortschatz einführen. Der Schwerpunkt des Kurses liegt auf dem Sprechen. Unterstützen Sie die Teilnehmer dabei, die Dialoge nachzuspielen und die Sprache aktiv anzuwenden.

→ Interkulturelle Kompetenz entwickeln

Für eine nachhaltige gesellschaftliche Integration der Kursteilnehmer auch in die Berufswelt in Deutschland, ist es wichtig, dass beide Seiten ein Verständnis für die Kultur des anderen entwickeln. Die Fotos bieten umfangreiche Sprechanlässe für einen Austausch auf Augenhöhe. Nutzen Sie die Bilder, um typische Gewohnheiten im Arbeitsalltag in Deutschland zu erklären und fragen Sie die Teilnehmer nach den Gegebenheiten in ihrem Herkunftsland. Auf diese Weise entsteht ein interessanter und informativer Dialog über Gemeinsamkeiten und Unterschiede in den jeweiligen Kulturen.

Bestandteile des Lehrwerks

Bei der Konzeption des Lehrwerks haben wir uns an den Rahmenbedingungen der Deutschkurse orientiert: heterogene Lerngruppen (in Bezug auf Sprachniveau und Herkunftsland), wechselnde Teilnehmer, hohe Fluktuation und unregelmäßige Teilnahme am Deutschkurs.

Das Lehrwerk besteht aus drei Teilen:

1 *Das Lehrbuch*

Das Lehrbuch eignet sich hervorragend für den Einsatz im Klassenraum. Jede Lektion ist auf einer Doppelseite dargestellt und folgt der gleichen Struktur. Das vermittelt den Teilnehmern Sicherheit.

2 *Das Übungsheft*

Im Übungsheft im Anhang des Lehrbuchs finden Sie zu jeder Lektion ein Arbeitsblatt. Hier sind die Teilnehmer zum schriftlichen Arbeiten aufgefordert und können das im Unterricht Gelernte in Einzelarbeit vertiefen.

Für den Fall, dass das Buch nicht bei den Teilnehmern verbleibt, können Sie das Übungsheft auch zusätzlich als PDF kostenlos herunterladen.

3 *Die Lehrerhandreichung*

(PDF zum Download)

Auf **www.langenscheidt.de/berufseinstieg-deutsch** finden Sie die genaue Unterrichtsanleitung, die im Schritt-für-Schritt-Verfahren einen möglichen Unterrichtsverlauf jeder Lektion skizziert und zusätzlich viele Vorschläge für eine Vertiefung der Inhalte anbietet.

ÜBUNGSHEFT

Mithilfe der Arbeitsblätter im Übungsheft im Anhang des Lehrbuchs können die Teilnehmer die neuen Wörter und Wendungen in ihre Muttersprache übersetzen.

Dadurch erarbeiten sie sich ein eigenes Glossar.

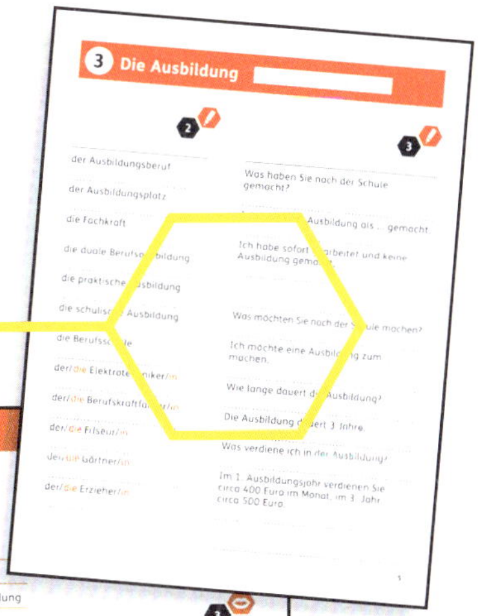

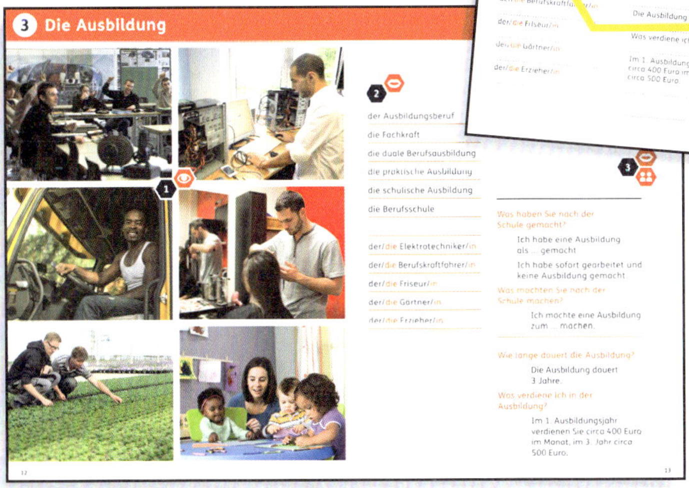
3 Die Ausbildung

der Ausbildungsberuf
die Fachkraft
die duale Berufsausbildung
die praktische Ausbildung
die schulische Ausbildung
die Berufsschule

der/die Elektrotechniker/in
der/die Berufskraftfahrer/in
der/die Friseur/in
der/die Gärtner/in
der/die Erzieher/in

Was haben Sie nach der Schule gemacht?
Ich habe eine Ausbildung als ... gemacht.
Ich habe sofort gearbeitet und keine Ausbildung gemacht.
Was möchten Sie nach der Schule machen?
Ich möchte eine Ausbildung zum ... machen.
Wie lange dauert die Ausbildung?
Die Ausbildung dauert 3 Jahre.
Was verdiene ich in der Ausbildung?
Im 1. Ausbildungsjahr verdienen Sie circa 400 Euro im Monat, im 3. Jahr circa 500 Euro.

12 13

LEHRERHANDREICHUNG

Die Lehrerhandreichung vermittelt Ihnen eine Schritt-für-Schritt-Anleitung zu einer möglichen Unterrichtsgestaltung.

Mit zahlreichen Vorschlägen zur Vertiefung und Erweiterung der Inhalte.

Sie finden die Lehrerhandreichung als kostenlosen Download unter *www.langenscheidt.de/berufseinstieg-deutsch*

Einführung

Wie unterrichte ich mit dem Lehrwerk?

Das Lehrwerk bietet in den ersten 20 Lektionen einen Einstieg in Themenfelder, die für den Berufsalltag relevant sind. Sie können täglich entscheiden, mit welchem Thema Sie arbeiten möchten – das Lehrwerk arbeitet ohne Progression.

1 **Die Fotos im Lehrbuch** bieten als Einstieg ins Thema vielfältige Sprechanlässe. Wenn Englisch als gemeinsame Unterrichtssprache zur Verfügung steht, können Sie damit das Vorwissen aktivieren und die Wörter aus der Wortliste anhand der Bilder erklären. Aber auch ohne gemeinsame Sprache lassen sich die Wörter über die Bilder einführen. Je nach Bedarf und Interesse der Teilnehmer können Sie das Wortfeld aus dem jeweiligen Themenbereich ausweiten und die neuen Begriffe zusätzlich an der Tafel notieren.

2 **Sprechen Sie die Wörter** vor, die Teilnehmer sprechen im Chor nach. In der Stillarbeitsphase übersetzen die Teilnehmer mithilfe des Arbeitsblatts aus dem Übungsheft die neu gelernten Wörter in ihre Muttersprache und erarbeiten sich dadurch ihr eigenes Glossar.

3 **Im nächsten Schritt** werden die neu gelernten Wörter in kurzen sinnvollen Dialogen präsentiert. Denn das wichtigste Lernziel ist hier ein gelungener Sprachkontakt. Ermutigen Sie die Teilnehmer, die neuen Wörter in den Mund zu nehmen und in Interaktion zu treten und planen Sie sehr viel Zeit zum Üben ein. Das Klassenzimmer ist ein geschützter Raum, in dem die Teilnehmer zum ersten Mal die neuen Dialogsituationen ausprobieren können.

Die Teilnehmer spielen die Dialoge anschließend auch in Ihrer Muttersprache vor. Hier geht es darum, kulturspezifische Unterschiede bewusst zu machen: Was läuft im Gespräch auf nonverbaler

Symbole

Betrachten Sie die Fotos gemeinsam mit den Teilnehmern.

Sprechen Sie die Begriffe laut vor, die Teilnehmer sprechen im Chor nach.

Üben Sie den Dialog zusammen mit den Teilnehmern ein und spielen Sie ihn gemeinsam vor.

Die Teilnehmer übersetzen die neuen Wörter und Sätze in Stillarbeit in ihre jeweilige Muttersprache.

1

DIE FOTOS

bieten vielfältige Sprechanlässe und Raum für ein Lernen voneinander und miteinander.

Anhand der Fotos können Sie das Vorwissen der Teilnehmer aktivieren und die Wörter aus der Wortliste erklären.

Ebene ab? Wie gehen die Menschen in anderen Ländern miteinander um? Beobachten Sie gemeinsam mit den Teilnehmern die jeweiligen Kommunikationsabläufe und diskutieren Sie darüber.

Nach dem Dialog schließt sich wieder eine Stillarbeitsphase an: Die Teilnehmer übersetzen die neuen Redemittel in ihre Muttersprache und erarbeiten so auch hier wieder ihr eigenes Glossar.

→ Im Anschluss daran können Sie das Thema vertiefen: Bringen Sie authentisches Material mit (z.B. Stellenanzeigen, Broschüren von der Arbeitsagentur zu verschiedenen Berufsfeldern usw.) oder geben Sie umfassende landeskundliche Informationen zu den einzelnen Themenbereichen: In den Lehrerhandreichungen geben wir dazu ausführliche Zusatzinformationen.

Die Schreibfertigkeit trainieren

Während in den ersten 20 Lektionen die Fertigkeit Sprechen im Vordergrund steht, finden Sie in den letzten Lektionen Themengebiete, die das Schreiben trainieren: Wie verfasst man eine Notiz? Wie formuliert man eine schriftliche Entschuldigung? Worauf muss man beim Verfassen einer Bewerbung achten?

Sprachsensibel berufsbezogenen Fachwortschatz vermitteln

Des Weiteren finden Sie hier Themengebiete mit naturwissenschaftlichem Fokus. Unser Ziel ist es, den Teilnehmern auch einfachen Fachwortschatz aus der Mathematik zu vermitteln, da viele Lerner im Laufe einer Ausbildung oder im Beruf damit konfrontiert werden. Auch Fachwortschatz zu den Themen „Arbeitskleidung", „Materialien" und „Arbeit mit dem Computer" wird hier eingeführt.

Viel Spaß und Erfolg beim Deutschunterricht wünscht Ihnen die Autorin Friederike Ott und Ihre Langenscheidt-Redaktion.

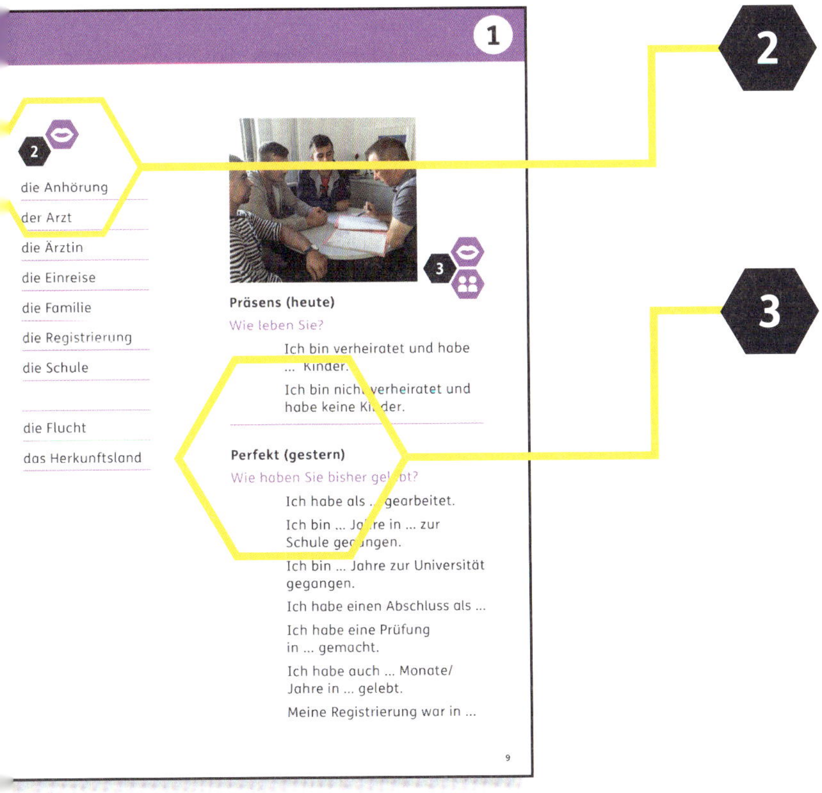
1
2
die Anhörung
der Arzt
die Ärztin
die Einreise
die Familie
die Registrierung
die Schule
die Flucht
das Herkunftsland
3
Präsens (heute)
Wie leben Sie?
Ich bin verheiratet und habe ... Kinder.
Ich bin nicht verheiratet und habe keine Kinder.
Perfekt (gestern)
Wie haben Sie bisher gelebt?
Ich habe als ... gearbeitet.
Ich bin ... Jahre in ... zur Schule gegangen.
Ich bin ... Jahre zur Universität gegangen.
Ich habe einen Abschluss als ...
Ich habe eine Prüfung in ... gemacht.
Ich habe auch ... Monate/ Jahre in ... gelebt.
Meine Registrierung war in ...
9

NACHSPRECHEN

Sprechen Sie die Wörter aus der Wortliste laut vor, die Teilnehmer sprechen im Chor nach.

NACHSPIELEN

Die neu gelernten Wörter werden hier in kurzen sinnvollen Dialogen präsentiert.

Erklären Sie den Inhalt durch Pantomime und Intonation und lassen Sie die Teilnehmer im Chor nachsprechen.

Üben Sie den Dialog zusammen mit den Teilnehmern ein und spielen sie ihn gemeinsam vor.

1 Über sich sprechen

1

2

die Anhörung

der Arzt

die Ärztin

die Einreise

die Familie

die Registrierung

die Schule

die Flucht

das Herkunftsland

3

Präsens (heute)

Wie leben Sie?

Ich bin verheiratet und habe ... Kinder.

Ich bin nicht verheiratet und habe keine Kinder.

Perfekt (gestern)

Wie haben Sie bisher gelebt?

Ich habe als ... gearbeitet.

Ich bin ... Jahre in ... zur Schule gegangen.

Ich bin ... Jahre zur Universität gegangen.

Ich habe einen Abschluss als ...

Ich habe eine Prüfung in ... gemacht.

Ich habe auch ... Monate/ Jahre in ... gelebt.

Meine Registrierung war in ...

2 Der Lebenslauf

1

LEBENSLAUF

Persönliche Daten

Name:	Mayada Al Hussein
Anschrift:	Bahnhofstraße 350, 13127 Berlin
Telefon:	0176 58195531
E-Mail:	m.alhussein@gmail.com
Geburtsdatum/-ort:	10.09.1982, Damaskus
Staatsangehörigkeit:	syrisch
Familienstand:	verheiratet
Sprachkenntnisse:	Syrisch (Muttersprache), Englisch (A2), Deutsch (B2)

2

Schulbildung/Ausbildung

Schulabschluss 2002	Technical Secondary School of Commerce, Damaskus
09/2002 - 2004	Ausbildung in Computertechnologien

Berufserfahrung

2003 – 2009	Mitarbeiter bei CompuDamaskus

Weiterbildung

08/2013 – 07/2016	Deutschkurse mit Abschluss (Zertifikat B2)

Berlin, den 27.02.2017

Mayada Al Hussein

Lebenslauf

3

Persönliche Daten

Name:	Nasra Said Ali
Anschrift:	Bauerstraße 54, 90419 Nürnberg
Telefon:	0176 58164344
E-Mail:	said.ali@gmx.net
Geburtsdatum/-ort:	22.05.1988, Hargeysa
Staatsangehörigkeit:	somalisch
Familienstand:	ledig
Sprachkenntnisse:	Somali (Muttersprache), Arabisch (Muttersprache), Deutsch (B1)

4

Schulbildung/Ausbildung

Schulabschluss 2008	Hargeysa Secondary School, Hargeysa

Berufserfahrung

2008 – 2013	Koch im Dhadhan Restaurant, Mogadischu

Weiterbildung

05/2015 – 10/2016	Deutschkurse mit Abschluss (Zertifikat B1)

Nürnberg, den 27.02.2017

Nasra Said Ali

3 Die Ausbildung

1

2

der Ausbildungsberuf

der Ausbildungsplatz

die Berufsschule

die Fachkraft

die duale Berufsausbildung

die praktische Ausbildung

die schulische Ausbildung

der/die Elektrotechniker/in

der/die Berufskraftfahrer/in

der/die Friseur/in

der/die Gärtner/in

der/die Erzieher/in

3

Was haben Sie nach der Schule gemacht?

Ich habe eine Ausbildung als … gemacht.

Ich habe sofort gearbeitet und keine Ausbildung gemacht.

Was möchten Sie nach der Schule machen?

Ich möchte eine Ausbildung zum … machen.

Wie lange dauert die Ausbildung?

Die Ausbildung dauert 3 Jahre.

Was verdiene ich in der Ausbildung?

Im 1. Ausbildungsjahr verdienen Sie circa 400 Euro im Monat, im 3. Jahr circa 500 Euro.

4 Berufe

1

2

die Bürokauffrau

der/die Metalltechniker/in

der/die Busfahrer/in

der/die Apotheker/in

der/die Verkäufer/in

der/die Kellner/in

der/die Friseur/in

der/die Lehrer/in

der/die Schneider/in

der/die Schreiner/in

3

Arbeiten Sie?

Ja, ich arbeite als ...

Nein ich arbeite nicht.
Ich suche Arbeit.

Was möchten Sie arbeiten?

Ich möchte als ... arbeiten.

Was macht ...?

Der Friseur schneidet Haare.

Der Kellner bedient Gäste.

Der Apotheker verkauft Medikamente.

Der Schreiner arbeitet mit Holz.

Wo arbeitet ...?

Der Lehrer arbeitet in der Schule.

Der Schneider arbeitet im Atelier.

Der Metalltechniker arbeitet im Betrieb.

5 Eine Stellenanzeige

Wir suchen zum nächstmöglichen Zeitpunkt einen

Auszubildenden zum Kfz-Mechatroniker (m/w)

Das sind Ihre Aufgaben:
Der Beruf des Kfz-Mechatronikers / der Kfz-Mechatronikerin verbindet die beiden Bereiche Mechanik und Elektrik miteinander. Dabei stehen die Fahrzeugdiagnose-, Instandhaltungs-, Aus-, Um- und Nachrüstarbeiten ebenso im Mittelpunkt wie die Kommunikation mit Kunden.

Persönliche Voraussetzungen:

- Handwerkliches Geschick
- Freude an der Teamarbeit
- Realschul- oder guter Hauptschulabschluss
- Sehr gute Computerkenntnisse
- Spaß an Technik, Mechatronik und Elektronik

Bereit für eine neue Herausforderung?
Dann senden Sie uns bitte Ihre vollständigen und aussagekräftigen Bewerbungsunterlagen.

Wir freuen uns auf Ihre Bewerbung!
Autohaus Branner, E-Mail: autobranner@mobil.de,
Schüsslerstraße 16, 80799 München

1

3

das Onlineinserat

das Zeitungsinserat

die Bewerbungsfrist

die Bewerbungsunterlagen *(Plural)*

das Stellenangebot

die Stellensuche

die Tätigkeit

die Teilzeit

die Vergütung

die Vollzeit

die Voraussetzung

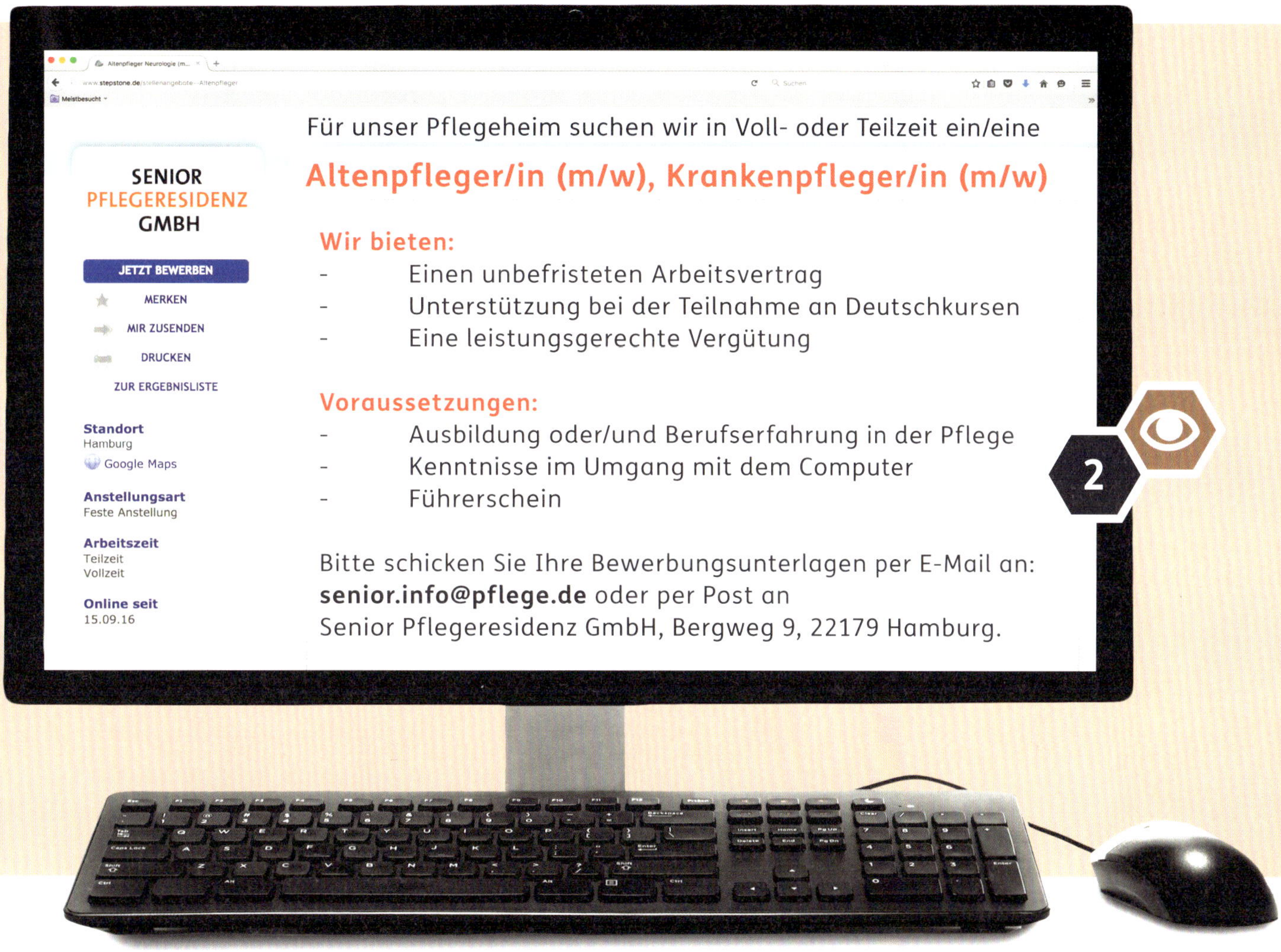

2

4

Ist die Stelle noch frei?

Ist die Stelle schon besetzt?

Ich interessiere mich für die Stelle als …

Ich möchte mich auf die Stelle als … bewerben.

Ist die Stelle befristet?

Ist die Stelle unbefristet?

Wann kann ich mich persönlich vorstellen?

6 Sich vorstellen

1

2

die Agentur für Arbeit

der/die Arbeitgeber/in

der/die Arbeitnehmer/in

der Arbeitsplatz

die Begrüßung

die Berufsschule

der Betrieb

der/die Chef/in

der Kollege

die Kollegin

das Praktikum

das Vorstellungsgespräch

3

Bitte stellen Sie sich kurz vor.

Wie heißen Sie?

Mein Name ist ...

Woher kommen Sie?

Ich komme aus ...

Haben Sie einen Beruf?

Ja, ich bin ... von Beruf.

Ich möchte Ihnen einen neuen Kollegen vorstellen.

Das ist Herr/Frau ...

Er/Sie kommt aus ...

Er/Sie wird bei uns als ... arbeiten.

7 Der Arbeitslohn

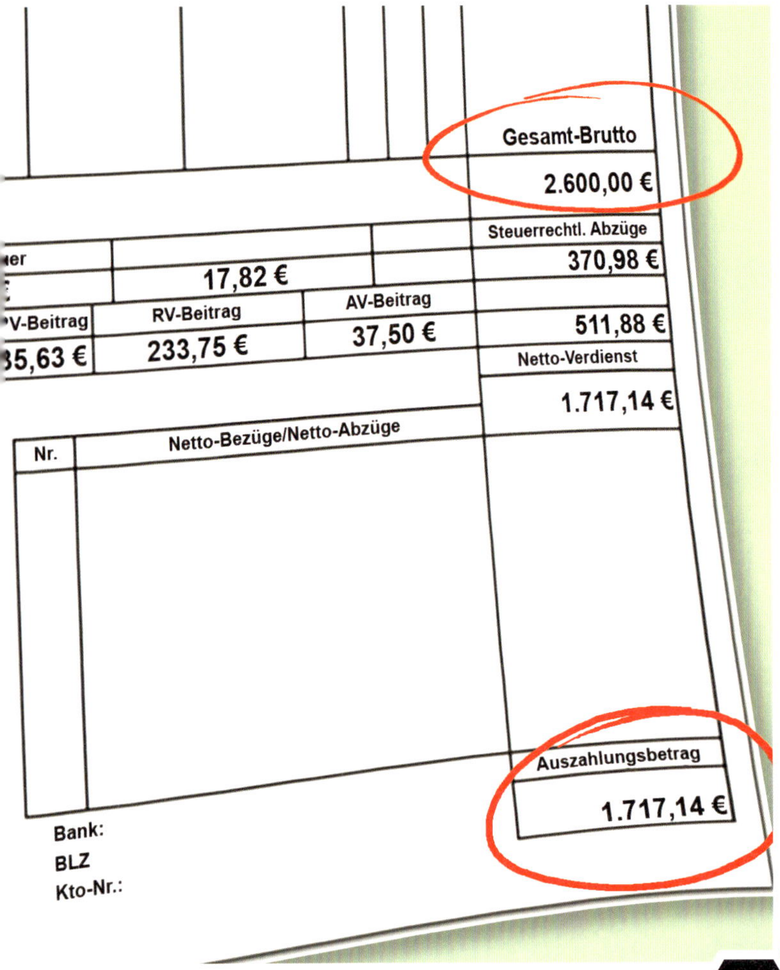

1

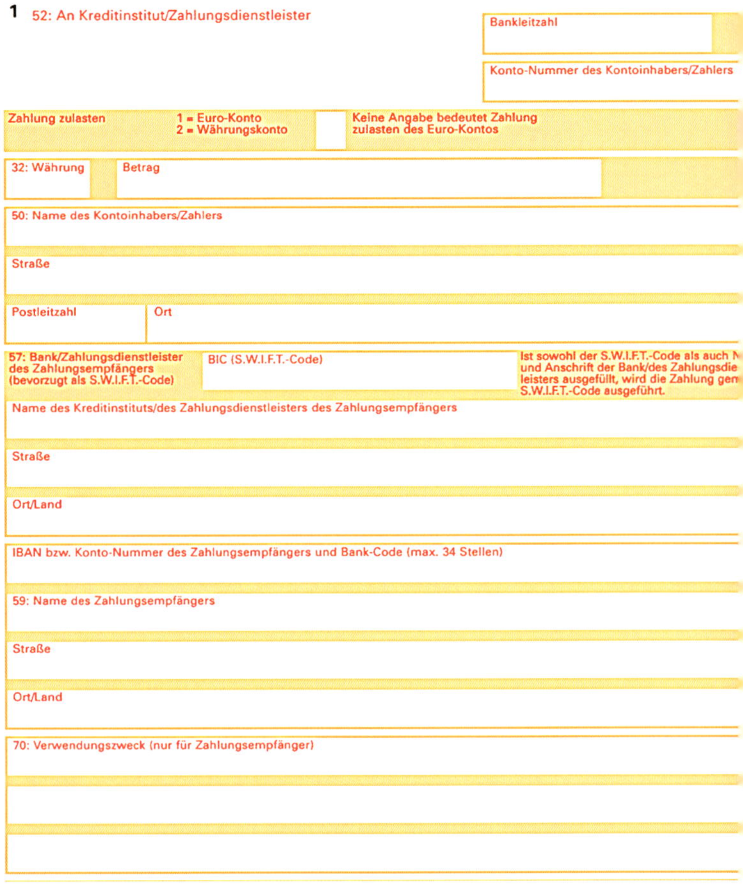
ZAHLUNGSAUFTRAG IM AUSSENWIRTSCHAFTSVERKEHR

1 52: An Kreditinstitut/Zahlungsdienstleister

Bankleitzahl

Konto-Nummer des Kontoinhabers/Zahlers

Zahlung zulasten | 1 = Euro-Konto 2 = Währungskonto | Keine Angabe bedeutet Zahlung zulasten des Euro-Kontos

32: Währung | Betrag

50: Name des Kontoinhabers/Zahlers

Straße

Postleitzahl | Ort

57: Bank/Zahlungsdienstleister des Zahlungsempfängers (bevorzugt als S.W.I.F.T.-Code) | BIC (S.W.I.F.T.-Code) | Ist sowohl der S.W.I.F.T.-Code als auch N… und Anschrift der Bank/des Zahlungsdie… leisters ausgefüllt, wird die Zahlung gem… S.W.I.F.T.-Code ausgeführt.

Name des Kreditinstituts/des Zahlungsdienstleisters des Zahlungsempfängers

Straße

Ort/Land

IBAN bzw. Konto-Nummer des Zahlungsempfängers und Bank-Code (max. 34 Stellen)

59: Name des Zahlungsempfängers

Straße

Ort/Land

70: Verwendungszweck (nur für Zahlungsempfänger)

2

die Bezahlung

die Abzüge (*Plural*)

die Auszahlung

der Betrag

die Bezüge

der Brutto-Verdienst

der Netto-Verdienst

die steuerrechtlichen Abzüge (*Plural*)

der Kontoauszug

die Bank

BIC

IBAN

3

Wie viel verdienen Sie monatlich?

Mein Netto-Verdienst ist ... Euro.

Was müssen Sie davon bezahlen?

Ich bezahle monatlich:

... Euro für die die Wohnung.

... Euro für Lebensmittel.

... Euro für Sport und Freizeit.

... Euro für Kleidung.

... Euro für den Handyvertrag.

... Euro für die U-Bahn.

Reicht das Geld für die Ausgaben?

...

8 Der Arbeitsvertrag

1

3

befristet

unbefristet

das Abschlusszeugnis

das Arbeitsverhältnis

das Gehalt

die Kündigung

das Monatsgehalt

die Probezeit

die Überstunde

die Unterschrift

die Vergütung

Was steht in meinem Arbeitsvertrag?

In Ihrem Arbeitsvertrag steht, ...

... wann das Arbeitsverhältnis beginnt.

... ob es eine Probezeit gibt.

... wie hoch das Gehalt ist.

Wie viele Stunden pro Woche arbeite ich?

Sie arbeiten 40 Stunden pro Woche.

Was mache ich, wenn ich krank bin?

Wenn Sie krank sind, rufen Sie sofort an.

---

9 Am Arbeitsplatz

1

2

der Aufzug

das Büro

der Empfang

der/die Hausmeister/in

der Kopierraum

das Lager

die Personalabteilung

das Sekretariat

die Toiletten (*Plural*)

das Erdgeschoss

das Obergeschoss

links

rechts

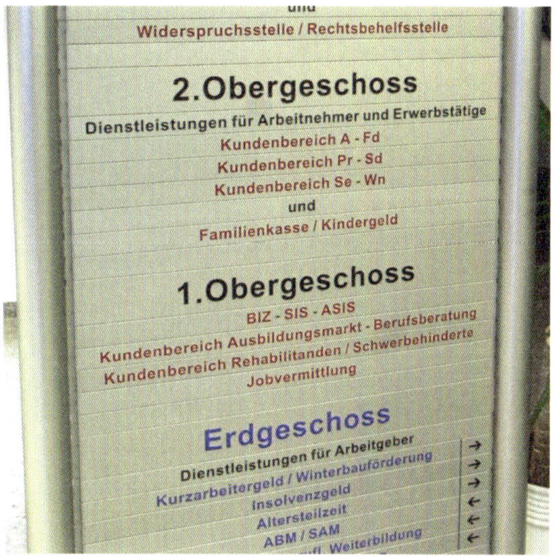

3

Wo finde ich …?

Entschuldigung, wo finde ich die Personalabteilung?

Im Erdgeschoss.

Entschuldigung, wo finde ich das Sekretariat?

Im 2. Obergeschoss (links/rechts).

Am Empfang meldet man sich an.

Beim Hausmeister bekommt man die Schlüssel.

In der Personalabteilung gibt man den Arbeitsvertrag ab.

Bei den Kollegen kann man um Hilfe bitten.

Im Sekretariat meldet man sich krank.

10 In der Kantine

1

2

das Besteck

die Essensausgabe

die Essensmarke

die Essenstafel

das Geschirr

die Getränke

die Kasse

das Mittagessen

das Tablett

die Warteschlange

3

Was gibt es heute zu essen?

Heute gibt es ...

Ist das Essen vegetarisch?

Ja, das Essen ist vegetarisch.

Ist das Essen ohne Schweinefleisch?

Ja, das Essen ist ohne Schweinefleisch.

Wie viel macht das?

Das macht ... Euro.

Guten Appetit!

Danke, ebenfalls!

11 Eine Besprechung

1

2

der/die Abteilungsleiter/in

der Arbeitsplan

die Aufgabe

die Besprechung

die Entscheidung

die Information

der Jour fixe

die Meinung

das Protokoll

die Sitzung

die Tagesordnung

die Teamsitzung

der Vorschlag

3

Was meinen Sie?

Zustimmen

Ich bin einverstanden.

Einverstanden.

Ich stimme Ihnen zu.

Das ist eine gute Idee.

Anderer Meinung sein

Das geht leider nicht.

Da bin ich mir nicht sicher.

Ja, aber ...

Ich finde, dass ...

12 Absprachen

1

2

die Aufgabe

der Dienstplan

die Einigung

das Einverständnis

der Kompromiss

das Projekt

die Frühschicht

die Spätschicht

die Nachtschicht

3

Können Sie den Dienst am Montag übernehmen?

Selbstverständlich.

Einverstanden.

Gerne.

Natürlich, kein Problem.

Das geht leider nicht. Am Montag habe ich keine Zeit.

Ich übernehme die erste Schicht. O. K.?

Ja, dann übernehme ich die zweite Schicht.

In Ordnung, ich bin damit einverstanden.

13 Arbeitsanweisungen

1

2

der/die Fahrradkurier/in

der/die Kfz -
Mechatroniker/in

die Küchenhilfe

die Krankenschwester

der Krankenpfleger

der Auftrag

der Auftraggeber

der/die Ausbilder/in

der/die Auszubildende

der Dienstplan

die Erklärung

3

Guten Morgen, hier spricht Frau Baier.

Guten Morgen, Frau Baier.

Notieren Sie bitte folgende Bestellungen.

Einen Moment, ich schreibe mit ...

Ich zeige Ihnen, wie man die Kabel anschließt.

O.K.

Erst das rote Kabel. Dann nimmt man das schwarze Kabel.

Danke. Können Sie mir das bitte noch einmal erklären?

14 Um etwas bitten

1

2

die Frage

das Problem

die Antwort

die Hilfe

die Lösung

die Unterstützung

bitten

erklären

fragen

helfen

zeigen

3

Können Sie mir bitte helfen?

Ja, gerne.

Können Sie mir bitte sagen, wann/warum/wie/wo ...?

Leider im Moment nicht.

Ich habe keine Zeit, können Sie bitte ... fragen?

Wissen Sie, wie ... funktioniert?

Ja, ich zeige es Ihnen.

Kann ich bitte ... ausleihen/haben?

Kein Problem!/Natürlich.

15 Am Telefon

1

3

der Anrufbeantworter

das Festnetztelefon

das Handy

der Rückruf

die SMS

die Verbindung

Telefonnummern

0 null	5 fünf
1 eins	6 sechs
2 zwei	7 sieben
3 drei	8 acht
4 vier	9 neun

2

4

Guten Tag, Firma Holze, Frau Akbari am Apparat.

Was kann ich für Sie tun?

Guten Tag, hier spricht Frau Richter.

Ich würde gern mit Herrn Fischer sprechen.

Selbstverständlich. Worum geht es?

Es geht um eine Lieferung.

Ok, ich verbinde.

Vielen Dank.

Es tut mir leid, Frau Richter ist nicht da.

Kann ich etwas ausrichten?

Frau Richter ruft Sie zurück.

16 Vorschläge

1

2

die Alternative

die Auswahl

die Entscheidung

die Idee

die Meinung

die Möglichkeit

die Wahl

die Zustimmung

3

Ich habe ...

... eine Idee/einen Vorschlag/
eine Alternative/...

Ich schlage vor, dass ...

Das ist eine gute Idee.

Sollen wir das so machen?

Der Vorschlag gefällt mir.

Können wir das so machen?

Gut, das machen wir.

Was halten Sie davon?

Das geht leider nicht.

Das wird zu teuer.

Das dauert zu lange.

17 Sich entschuldigen

1

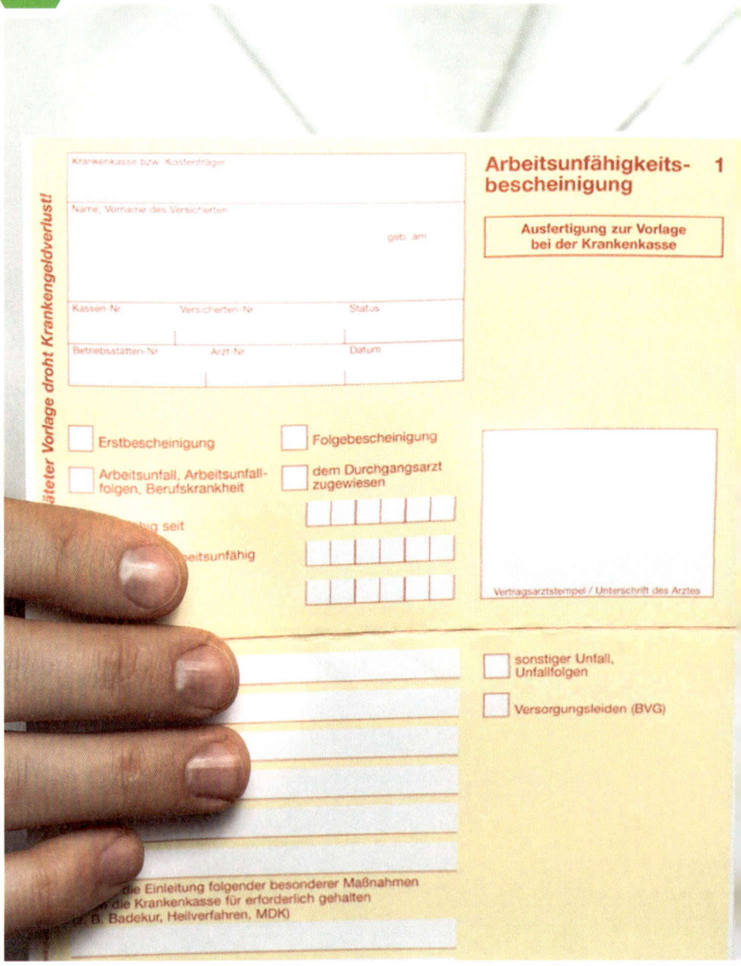

2

die Entschuldigung

die Störung

die Arbeitsunfähig-
keitsbescheinigung

die Krankmeldung

die Krankschreibung

das Krankengeld

die Verspätung

der Stau

3

Es tut mir leid.

Ich kann heute nicht zur Arbeit kommen.

Was ist passiert?

Ich bin krank.

Gute Besserung!

Es tut mir leid, aber ...

... ich stecke im Stau.

... die U-Bahn hat Verspätung.

Deshalb komme ich zu spät.

Entschuldigung, darf ich Sie stören?

Ja, kein Problem. Was ist los?

18 Termine

1

3

Wochentage
Montag
Dienstag
Mittwoch
Donnerstag
Freitag
Samstag
Sonntag

2

Ich möchte einen Termin ausmachen.

Ja, gerne. Wann treffen wir uns?

4

Der Termin

... ist am ...

... findet um... statt.

... beginnt um... Uhr.

... geht von ... bis ... Uhr.

Einverstanden.

Das geht leider nicht.

Es tut mir leid. Ich muss den Termin verschieben / absagen.

19 Ein Kundengespräch

1

2

Herzlich Willkommen!
Guten Tag!

Mein Name ist ...

Ich komme von der Firma ...

Haben Sie einen Termin?

Ich habe einen Termin bei ...

Kommen Sie herein!

Bitte setzen Sie sich.

3

Was kann ich für Sie tun?

Wie kann ich Ihnen helfen?

Was darf es sein?

Ich hoffe, dass Sie zufrieden sind.

Ich freue mich auf das nächste Treffen.

Es hat mich gefreut, Sie kennenzulernen.

Vielen Dank für das Gespräch.

Auf Wiedersehen!

20 Beschwerden

1

2

der Ärger

der Defekt

der Fehler

der Konflikt

der Kundenservice

die Reklamation

die Rücksendung

der Schaden

beschädigt

fehlerhaft

mangelhaft

unvollständig

unzufrieden

3

Ich möchte mich beschweren.
Ich habe eine Reklamation.

Entschuldigung. Das tut mir leid. Was ist passiert?

Die Lieferung ist nicht angekommen/unvollständig/beschädigt.

Das tut mir leid. Ich kümmere mich sofort darum.

O.K., vielen Dank.

Bitte geben Sie mir Ihre Kundennummer.

Meine Kundennummer ist …

Ich rufe gleich im Versand an und rufe Sie zurück.

21 Eine Notiz

1

2

der Aushang
die Erinnerung
die Gesprächsnotiz
die Nachricht
der Notizblock
das Post-it®
das schwarze Brett
die To-Do-Liste
die Übersicht

erinnern
notieren
markieren

3

Ein Post-it®

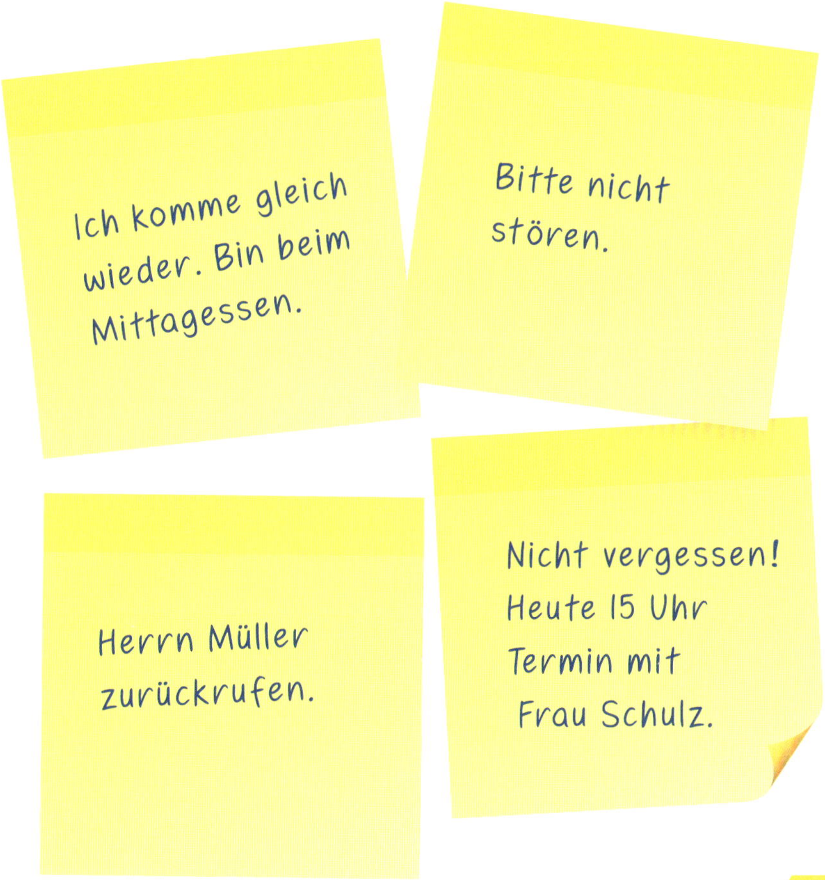

4

Und Sie?

Was notieren Sie?
Was müssen Sie noch erledigen?

22 Eine Entschuldigung

1

Von: m.sarfarazy@gmail.com
An: sekretariat-autobranner@mobil.de
Cc:
Betreff: Entschuldigung

2

Anrede:
Sehr geehrte Damen und Herren, / Sehr geehrter Herr ..., /
Sehr geehrte Frau ...,

Text:
am ... konnte ich nicht an der Fortbildung teilnehmen.
Bitte entschuldigen Sie dies.
Ich war an dem Tag leider krank.

Grußformel:
Mit freundlichen Grüßen
Masome Sarfarazy

Signatur:
Masome Sarfarazy
Baierstraße 7
80335 München
Telefon: 0176 58195531
E-Mail: m.sarfarazy@gmail.com

3

Von: inayato.hossein@web.de
An: sekretariat.holzbau@net.de
Cc:
Betreff: Entschuldigung für den 02.05.2017

4

Anrede:
Sehr geehrte Damen und Herren, / Sehr geehrter Herr ..., /
Sehr geehrte Frau ...,

Text:
am ... habe ich einen wichtigen Termin im Landratsamt /
Gesundheitsamt /
in der Schule meines Sohnes / meiner Tochter.
Deshalb kann ich nicht zur Arbeit kommen.
erst um ... Uhr zur Arbeit kommen.

Grußformel:
Mit freundlichen Grüßen
Hossein Inayato

Signatur:
Hossein Inayato
Osningstr. 33
33605 Bielefeld
Telefon: 0176 58164344
E-Mail: inayato.hossein@web.de

23 Eine Bewerbung

1

2

die Anlagen (*Plural*)

das Arbeitszeugnis

die Berufserfahrung

das Bewerbungsgespräch

das Bewerbungsschreiben

das Vorstellungsgespräch

die Adresse

der Absender

das Datum

der Betreff

die Anrede

die Grußformel

die Unterschrift

der Schlusssatz

3

Mariam Rahimi
Dachstraße 7
86167 Augsburg
m.r.@web.de

Senior Pflegeresidenz GmbH
Bergweg 9
86167 Augsburg

4

Augsburg, 10.04.2017

Bewerbung als ...

Sehr geehrter Herr ..., /Sehr geehrte Frau ..., /Sehr geehrte Damen und Herren,

mit großem Interesse habe ich Ihre Anzeige im ... vom ... gelesen und
bewerbe mich hiermit um die Stelle als ...

Ich habe ... Jahre als ... gearbeitet.
Ich habe Erfahrung in ...
Meine Aufgaben waren ...

Besonders gut kann ich ...
Ich arbeite gerne mit Kollegen zusammen.
Ich bin zeitlich flexibel.

Über eine Einladung zu einem persönlichen Gespräch freue ich mich sehr.

Mit freundlichen Grüßen

Mariam Rahimi

Anlagen

24 Geometrische Körper

1

2

der Würfel

der Quader

der Zylinder

die Kugel

die Pyramide

die Form

die Ecke

die Fläche

die Kante

3

Welche Körperform haben die Gegenstände?

Der Spielwürfel hat die Form eines Würfels.
Das Paket hat die Form eines Quaders.
Die Dose hat die Form eines Zylinders.
Der Ball hat die Form einer Kugel.

Und Sie?

Kennen Sie noch andere Gegenstände?

Wie viele Ecken hat ...?

Ein Würfel hat ... Ecken.
Ein Quader hat ... Ecken.
Ein Zylinder hat ... Ecken.
Eine Kugel hat ... Ecken.

25 Messungen

1

2

der Millimeter (mm)

der Zentimeter (cm)

der Meter (m)

der Kilometer (km)

die Länge (l)

die Breite (b)

die Höhe (h)

lang

breit

hoch

das Gramm (g)

das Kilogramm (kg)

die Tonne (t)

3

Wie breit ist ...?

Der Rahmen ist 1,20 Meter breit und 0,60 Meter hoch.

Der Stoff liegt 140 Zentimeter breit.

Wie lang ist ...?

Die Straße hat eine Länge von 25 Kilometern. Sie ist 25 km lang.

Der Lastwagen ist 12 Meter lang.

Wie hoch ist ...?

Das Haus hat eine Höhe von 9,65 Metern. Es ist 9,65 m hoch.

Das Zimmer ist 2,60 Meter hoch.

Wie schwer ist ...?

Der Brief wiegt 20 Gramm. Er ist 20 g leicht.

Das Material wiegt 4 Tonnen. Es ist 4 t schwer.

26 Materialien

1

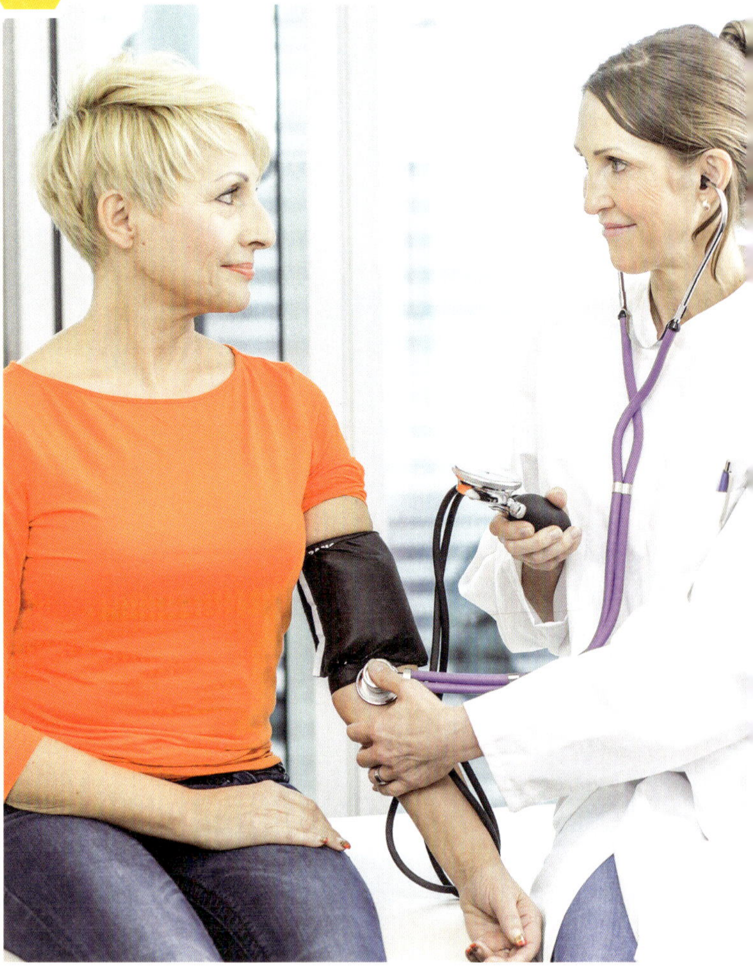

2

der Werkzeugkoffer

der Hammer

der Nagel

die Säge

die Zange

die Farbe

der Farbroller

der Pinsel

der Spachtel

das Holz

die Maschine

das Blutdruckmessgerät

das Stethoskop

3

Welche Materialien braucht ...?

Der Handwerker ...

... schlägt mit dem Hammer Nägel in die Wand.

... repariert mit dem Werkzeug den Schaden.

Der Schreiner ...

... sägt mit der Säge das Holz.

... schleift mit der Maschine das Brett.

Der Maler ...

... verputzt die Kanten mit dem Spachtel.

... weißelt mit dem Farbroller die Wand.

... reinigt den Pinsel.

Der Arzt ...

... misst mit dem Blutdruckmessgerät den Blutdruck.

... hört mit dem Stethoskop die Lunge ab.

27 Arbeitskleidung

1

2

die Atemmaske

der Gehörschutz

die Handschuhe (*Plural*)

die Haube

der Kittel

die Kochjacke

die Kopfbedeckung

die Kopfhörer

der Mundschutz

die Sicherheitsschuhe (*Plural*)

der Schutzanzug

die Schutzbrille

der Schutzhelm

3

Was trägt ...?

Der Arbeiter trägt einen Schutzhelm.

Der Lackierer trägt einen Schutzanzug und eine Atemmaske.

Der Koch trägt eine Kopfbedeckung und weiße Arbeitskleidung.

Der Schweißer trägt eine Schutzbrille und Handschuhe.

Der Maler trägt weiße Kleidung.

Und Sie?

Kennen Sie noch weitere Beispiele?

Warum braucht man Arbeitskleidung?

Arbeitskleidung ...

... schützt vor Unfällen.

... schützt vor Hitze und giftigen Stoffen.

28 Am Computer arbeiten

1

2

der Bildschirm

der Drucker

die Festplatte

die Maus

das Programm

der Scanner

die Tastatur

anklicken

drucken

programmieren

scannen

speichern

tippen

3

Was macht man mit dem Computer?

Den Computer kann man …
… einschalten.
… hochfahren.
… herunterfahren.

Was macht man mit dem Drucker?

Den Drucker kann man …
… anschließen.
… installieren.
… ausschalten.

Was macht man mit einem Programm?

Das Programm kann man …
… öffnen.
… starten.
… beenden.

Was macht man mit einer Datei?

Eine Datei kann man …
… speichern.
… herunterladen.
… hochladen.

Bildnachweis:

Übersicht U2: „Grundstruktur des Bildungswesens in der Bundesrepublik Deutschland“: Sekretariat der Ständigen Konferenz der Kultusminister der Länder in der Bundesrepublik Deutschland, Bonn;

Bilder: S. 4: © michaeljung / shutterstock; S. 8 / oben links: © dpa; S. 8 / oben rechts: © picture alliance/africamediaonline; S. 8 / unten links: © picture alliance/robertharding; S. 8 / unten rechts: © picture alliance; S. 9: © dpa; S. 10 / © DigitalVision / Thinkstock; S. 11: © WAYHOME studio / shutterstock; S. 12 / oben links: © dpa – Report; S. 12 / oben rechts: © picture alliance/ Becker&Bredel; S. 12 / Mitte links: © Amble Design / Shutterstock; S. 12 / Mitte rechts: © picture alliance/Wavebreak Media; S. 12 / unten links: © picture alliance / dpa Themendienst; S. 12 / unten rechts: © Stockbyte / Thinkstock; S. 14 / oben links: © m-imagephotography/ iStock / Thinkstock; S. 14 / oben rechts: © SpeedKingz / shutterstock; S. 14 / Mitte links: © bikeriderlondon / shutterstock; S. 14 / Mitte rechts: © mangostock / shutterstock; S. 14 / unten links: © Volodymyr Baleha / shutterstock; S. 14 / unten rechts: © Iakov Filimonov / shutterstock; S. 16: © goir / shutterstock; S. 17: © Dancestrokes / shutterstock; S. 18 / oben links: © dpa; S. 18 / oben rechts: © dpa; S. 18 / unten links: © PeopleImages / iStock; S. 18 / unten rechts: © dpa; S. 19: © Andrey_Popov / shutterstock; S. 20 / oben links: © Guter Punkt; S. 20 / oben rechts: © Guter Punkt; S. 20 / unten links: © picture alliance/Westend61; S. 20 / unten rechts: © Deutsche Bundesbank; S. 21: © Mansoreh / shutterstock; S. 22 / links: © dpa; S. 22 / rechts: © picture alliance/Ulrich Baumgarten; S. 23 / links: © dpa; S. 23 / rechts: © picture alliance/ chromorange; S. 24 / oben links: © bikeriderlondon / shutterstock; S. 24 / oben rechts: © shironosov/ iStock / Thinkstock; S. 24 / unten links: © Tatomm / iStock / Thinkstock; S. 24 / unten rechts: © picture alliance/photononstop; S. 25: © dpa / ZB – Fotoreport; S. 26 / oben links: © picture alliance; S. 26 / oben rechts: © predragov/ iStock / Thinkstock; S. 26 / unten links: © dpa; S. 26 / unten rechts: © CandyBox Images; S. 27: © picture alliance/Ulrich Baumgarten; S. 28 / oben links: © picture alliance/ Image Source; S. 28 / oben rechts: © picture alliance/MITO Images; S. 28 / unten links: © picture alliance/Denkou Images; S. 28 / unten rechts: © XiXinXing / shutterstock; S. 29: © moodboard / Thinkstock; S. 30 / oben links: © picture alliance; S. 30 / oben rechts: © picture alliance/JOKER; S. 30 / unten links: © picture alliance/Westend61; S. 30 / unten rechts: © dpa; S. 31: © michaeljung/ iStock / Thinkstock; S. 32 / oben links: © PHOTOS.com>> / Thinkstock; S. 32 / oben rechts: © dpa; S. 32 / unten links: © Monkey Business / Thinkstock; S. 32 / unten rechts: © Syda Productions / shutterstock; S. 33 / links: © picture alliance/Westend61; S. 33 / rechts: © picture alliance/Westend61; S. 34 / oben links:© Monkey Business Images / shutterstock; S. 34 / oben rechts: © jacoblund/ iStock / Thinkstock; S. 34 / unten links: © picture alliance/Westend61; S. 34 / unten rechts: © sylv1rob1 / shutterstock; S. 35: © Stockbyte / Thinkstock; S. 36 / links: © julief514 / iStock / Thinkstock; S. 36 / rechts: © michaeljung / iStock / Thinkstock; S. 37 / links: © picture alliance/Westend61; S. 37 / rechts: © picture alliance/ Westend61; S. 38 / oben links: © SpeedKingz / shutterstock; S. 38 / oben rechts: © Creatas / Thinkstock; S. 38 / unten links: © dpa; S. 38 / unten rechts: © shironosov / iStock / Thinkstock; S. 39: © Jacob Wackerhausen / iStock / Thinkstock; S. 40 / oben links: © RuslanGuzov / iStock / Thinkstock; S. 40 / oben rechts: © Antonio_Diaz / iStock / Thinkstock; S. 40 / unten links: © picture alliance/Westend61; S. 40 / unten rechts: © picture alliance/chromorange; S. 41: © 0833379753 / shutterstock; S. 42: © picture alliance/Shotshop; S. 43: © AndreyPopov / iStock / Thinkstock; S. 44 / oben links: © Minerva Studio / iStock / Thinkstock; S. 44 / oben rechts: © pixland / Thinkstock; S. 44 / unten links: © XiXinXing / Thinkstock; S. 44 / unten rechts: © Wavebreakmedia / iStock / Thinkstock; S. 45: © Nejron Photo / shutterstock; S. 46 / oben links: © Photographee / shutterstock; S. 46 / oben rechts: © Image Source / Getty Images; S. 46 / unten links: © picture alliance/Westend61; S. 46 / unten rechts: © iStock / Thinkstock; S. 47: © JackF / iStock / Thinkstock; S. 48 / oben links: © picture alliance/Westend61; S. 48 / oben rechts: © Wavebreakmedia / iStock / Thinkstock; S. 48 / unten links: © picture alliance / dpa Themendienst; S. 48 / unten rechts: © scyther5 / iStock / Thinkstock; S. 49: © Blankstock / iStock / Thinkstock; S. 50/51: © Guter Punkt; S. 52: © picture alliance / blickwinkel; S. 54 / oben links: © Alex Tarassov / shutterstock; S. 54 / oben rechts: © Albert999 / shutterstock; S. 54 / unten links: © Albert999 / shutterstock; S. 54 / unten rechts: © Fosin / shutterstock; S. 56 / oben links: © picture alliance / dpa Themendienst; S. 56 / oben rechts: © picture alliance/Westend61; S. 56 / Mitte links: © michaeljung / shutterstock; S. 56 / Mitte rechts: © dpa / ZB-FUNKREGIO OST – Honorarfrei nur für Bezieher des ZB-Regiodienstes; S. 56 / unten links: © dpa - Report; S. 56 / unten rechts: © GEORGII MIRONOV / Shutterstock; S. 58 / oben links: © picture alliance/Sueddeutsche Zeitung Photo; S. 58 / oben rechts: © picture alliance/Beyond; S. 59 / unten links: © T.W. van Urk; S. 58 / unten rechts: © picture alliance / dpa Themendienst; S. 60 / oben links: © dpa - Report; S. 60 / oben rechts: © loraks / shutterstock; S. 60 / Mitte links: © picture alliance/Photo Alto; S. 60 / Mitte rechts: © picture alliance; S. 60 / unten links: © Halfpoint / shutterstock; S. 60 / unten rechts: © Darren Baker / shutterstock; S. 62 / oben links: © dpa; S. 62 / oben rechts: © picture alliance/APA/picturedesk.com; S. 62 / unten links: © picture alliance/Westend61; S. 62 / unten rechts: © BsWei / iStock / Thinkstock und © Guter Punkt